Anselm Grün
Clemens Bittlinger

Mit den Augen eines Kindes

Mit Fotografien von Georg Lehmacher

KREUZ

Mit den Augen eines Kindes

Jesus rief ein Kind zu sich und stellte es in die Mitte und sprach: „Wenn ihr nicht umkehrt und zu einer Ursprünglichkeit zurückfindet, wie Kinder sie haben, werdet ihr niemals verstehen, was es heißt, ein Kind Gottes zu sein."

Fünf Gaben sind dir gegeben. Fünf Wege kannst du gehen. Fünf sind nur der Anfang. Das Kind in dir erwacht – im blinden Vertrauen, im selbstvergessenen Spiel, im Spiegel der Freundschaft, im Wachsen und Reifen, in deinem Zuhause. Entdecke die Welt! Mit den Augen eines Kindes.

Ein Kind verändert die Welt

Ein Kind verändert die Welt
und im Lichtglanz seiner Augen
wird das Leben neu geboren
und ein Glück, das längst verloren,
wie aus heitrem Himmel fällt –
ein Kind verändert die Welt.

Ein Kind verändert die Welt,
doch zu all den schönen Tagen
gesellt sich Angst um einen Menschen,
für den ich nur das Beste wünsche,
dass ihn das Leben nicht verprellt –
ein Kind verändert die Welt.

Ein Kind verändert die Welt
und mit seinen kleinen Händen
trägt es mühelos die Lasten
und lässt mich Momente rasten
in der Hast, die mich entstellt –
ein Kind verändert die Welt.

Kaum zu glauben,
wie ein kleiner Mensch
dich übermannt.
Fühl mich herzlich,
fühl mich völlig
restlos überrannt,
habe keine Ahnung,
wie das noch werden soll,
doch ich finde
diese Kleinen
einfach wundervoll.

Ein Kind verändert die Welt
und liegst du in meinen Armen,
merk ich, dass mir nichts mehr fehlt
und mich keine Sehnsucht quält,
ein Gefühl, das mir gefällt –
ein Kind verändert die Welt.

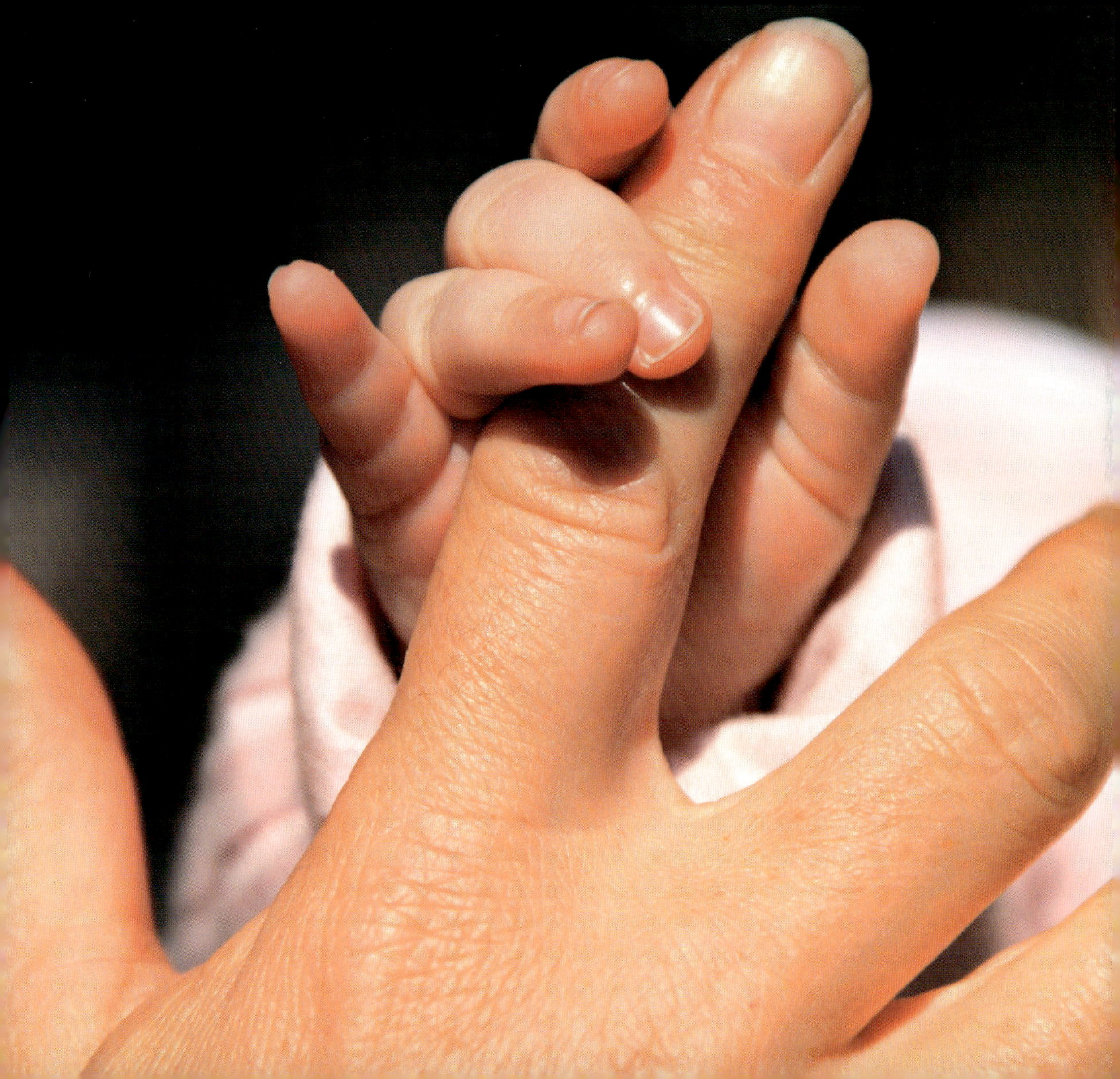

Vertrauen

Ein Kind lernt von den Eltern Vertrauen. Die Mutter vermittelt ihm Urvertrauen, sie schenkt ihm das Gefühl von Geborgenheit. Es weiß sich willkommen auf Erden. Ein Kind vertraut darauf, dass die Mutter es gut mit ihm meint, sie seine Bedürfnisse stillt und es sich fallen lassen kann. Es fühlt sich getragen.

Das Vertrauen, das der Vater dem Kind schenkt, hat eine andere Qualität. Es ist das Vertrauen, in die Welt hinauszugehen, das Leben zu wagen und etwas zu riskieren. In der Nähe des Vaters wagt das Kind weiter zu springen als sonst. Da bekommt es Lust, sein Leben selbst zu gestalten. Es weiß, dass der Vater immer da ist, wenn es ihn braucht. Der Vater stärkt ihm den Rücken und macht ihm Mut, sich Konflikten zu stellen. Der Vater ist immer da: Bei ihm kann sich das Kind anlehnen und in seiner Nähe kann es neue Kraft in sich spüren.

Beide Aspekte sind wichtig für unsere Gottesbeziehung. Gott ist Mutter. In Gott finden wir Geborgenheit. In einer Kirche, beispielsweise einer romanischen Kirche, erleben wir Gott als Mutterschoß. Der Prophet Elias zieht sich in eine Höhle zurück. Lieder können uns umgeben wie eine Höhle. Wir fühlen uns in einem Konzert geborgen, umhüllt von schönen Klängen. Indem wir die Musik hören, fühlen wir uns zugehörig. Auch der Himmel schenkt uns Geborgenheit.

Gott ist Vater: Er traut uns zu, dass wir das Leben wagen und durch Wüsten hindurchgehen. Er ermutigt uns, auszuziehen aus dem Land der Sicherheit, hinein in das Gelobte Land. Aber es ist ein Weg der Freiheit, der uns oft genug auch Angst macht.

Leipzig-M.
HANS STRASSER
Mindelheim

Wir müssen immer wieder neu das Vertrauen lernen, das das Kind hat. Manche beklagen sich, dass sie zu wenig väterliche oder mütterliche Liebe erfahren haben und daher ein Grundmisstrauen haben. Sie meinen, dass sie sich auch mit Gott als Vater und Mutter schwer tun, weil sie bei ihren Eltern nie eine gute Väterlichkeit und Mütterlichkeit erfahren haben. Aber manchmal gibt es auch eine Gotteserfahrung, die dieses mangelnde Vertrauen ausgleicht und verwandelt. Gerade in meiner Bedürftigkeit und meinem Mangel an Vertrauen kann mir Gott auf einmal ganz nahe kommen. Dann fühle ich mich eins mit mir, geborgen in einer unendlichen Liebe, angenommen von dem väterlichen und mütterlichen Gott. Dann ist in mir ein Vertrauen, das durch nichts mehr erschüttert werden kann.

Halte die Freiheit im Spiel

Halte die Freiheit im Spiel!
Schenk deinen Träumen doch Flügel,
grüble und wühl nicht so viel,
zieh nicht so eng deine Zügel.
Lebe und zieh mit dem Wind
über den Horizont.
Suche und finde das Kind,
das in deinem Herzen wohnt.

Halte die Freiheit im Spiel!
Atme durch und dabei
erwarte nicht gleich viel zu viel,
sonst sind wir nicht mehr frei.
Lebe und zieh mit dem Wind
über den Horizont.
Suche und finde das Kind,
das in deinem Herzen wohnt.

Halte die Freiheit im Spiel!
Schöpfung atmet im Hauch,
spür, das ersehnte Ziel
kribbelt und kommt aus dem Bauch.
Lebe und zieh mit dem Wind
über den Horizont.
Suche und finde das Kind,
das in deinem Lächeln wohnt.

Spiel und Freude

Das Spiel gehört wesentlich zum Kind. Das Kind muss spielen, um sich mit dem Leben vertraut zu machen. Es lernt die Welt spielerisch kennen und entdeckt sich selbst und seine Möglichkeiten und Fähigkeiten. Das Kind kann sich im Spielen vergessen. Es geht einfach im Spielen auf. Im Spiel entdeckt es für sich eine schier unerschöpfliche Energie. Zum Spiel gehört die Form der Freiheit. Das Kind spielt sich in die Freiheit hinein, in die Lust am Leben.

Wir Erwachsene müssen das Geheimnis des Spiels erst wieder entdecken. Der holländische Philosoph Johan Huizinga hat schon 1940 sein berühmtes Buch über den Homo ludens, über den spielenden Menschen, geschrieben. Hugo Rahner folgt ihm 1952 mit dem Buch „Der spielende Mensch". Dort hat er vor allem die Erfahrung der Liturgie in Anschluss an Romano Guardini als heiliges Spiel beschrieben. Im Spielen erfahren wir innere Freiheit und Freude. Es macht einfach Spaß, zweckfrei etwas zu tun, ohne nach dem Nutzen zu schauen.

Miteinander zu spielen, das ist eine Form, kreativ miteinander umzugehen und sich am Miteinander zu freuen. Aber es gibt Spielverderber, die unbedingt gewinnen müssen und die das Spiel tierisch ernst nehmen. Sie sehen das Spiel sofort als Leistung.

Die Liturgie ist heiliges Spiel: Wir spielen uns in den Riten der Liturgie hinein in die Erlösung, in das Geheimnis des befreiten und erlösten Menschen. Gott sei Dank kommt in den Festen noch etwas vom kindlichen Spielen durch, nicht nur an Weihnachten, sondern auch an Ostern, das man im Mittelalter immer tanzend gefeiert hat. Im Spiel der Liturgie spielen wir uns hinein in die Freiheit der Kinder Gottes, in die Freiheit der von Jesus Christus Erlösten.

Das Wesen des Spiels ist Freude. Die Freude ist wesentlich für unsere Gesundheit. Sie weitet unser Herz und tut Leib und Seele gut. Die Freude liegt auf dem Grund unserer Seele. Wir müssen nur immer wieder in Berührung kommen mit der Freude, die in der Tiefe unseres Herzens wohnt, von der wir aber oft abgeschnitten sind. Jesus will uns durch seine Worte in Berührung bringen mit der Freude in uns. Im Johannesevangelium sagt er von sich selbst: „Dies habe ich euch gesagt, damit meine Freude in euch ist und damit eure Freude vollkommen wird.“ *(Joh 15,11)* Jesus hat so gesprochen, dass die Jünger in sich Freude verspürten, eine Freude, die ihnen auch nicht mehr durch Leid und Not genommen werden konnte.

Aus heiterem Himmel

Aus heiterem Himmel
fällt die Freude mir in meinen Tränenschoß,
plötzlich, völlig unvermutet
lache ich und laufe los.
Unverhofft und voller Träume
singe ich ein neues Lied,
atme tief, umarme Bäume,
weiß, dass du mich siehst
und liebst.

Aus heiterem Himmel
lern ich andre Menschen kennen
und dabei habe ich auf einmal
den Eindruck:
Mensch, dich kenn ich lange Zeit.
Wie Verwandte, wie Geschwister
fühlen wir uns schnell vertraut,
reden, schweigen,
singen, lachen offen, frei und laut.

Aus heiterem Himmel
tauchen Delfine plötzlich vor mir auf,
und dann lass ich mich hinuntergleiten,
reite mit dem Wellengang,
tauche unter, tauche auf,
tauche in die Sprudelwelt
und ich spüre auf dem Bauch:
Liebe, die mich trägt und hält.

Freundschaft

Den Griechen war die Freundschaft etwas Heiliges. Ihre Philosophen haben das Lied der Freundschaft gesungen. Auch die Römer liebten die Freundschaft. Einer ihrer größten Philosophen, Cicero, sagt von der Freundschaft: „Wer die Freundschaft wegnimmt, der nimmt die Sonne aus dem Weltenraum." Ohne Freundschaft verdunkelt sich das ganze Leben. In der Tradition römischer Philosophie hat der heilige Augustinus das wunderbare Wort geprägt: Sine amico nihil amicum, ohne Freund kommt einem nichts freundlich vor in der Welt.

Schon die Weisen des Alten Testaments priesen die Freundschaft: „Ein treuer Freund ist wie ein festes Zelt; wer einen solchen findet, hat einen Schatz gefunden. Für einen treuen Freund gibt es keinen Preis, nichts wiegt seinen Wert auf." *(Sir 6,14f)* Der Freund stiftet Geborgenheit. Er ist wie ein Zelt, in dem ich mich bergen kann vor der Hitze des Tages und vor der Kälte der Nacht.

Kinder lieben die Freundschaft. Schon früh freunden sie sich an, spielen miteinander, gehen miteinander durch dick und dünn. Sie spüren, dass sie sich auf den Freund verlassen können. Sie machen alles miteinander. Sie sind unzertrennlich. Sie fühlen sich von ihrem Freund und ihrer Freundin angezogen. Sie möchten ihre Zeit mit ihm und ihr verbringen. Da fühlen sie sich angenommen, geliebt, lebendig. Da bekommt ihr Leben einen neuen Geschmack.

In einer Welt, in der immer mehr Ehen auseinander gehen, sehnen wir uns nach Freundschaft, nach Treue und Zuverlässigkeit eines Freundes, nach der Liebe eines Freundes, in der ich mich daheim fühle. Freunde schaffen Heimat. Bei einem Freund darf ich sein, wie ich bin, ohne Angst beurteilt zu werden. Da erfahre ich etwas von dem, was Kinder so unzertrennlich macht. Ich freue mich an meinem Freund. Heinrich Zschokke meint: „Wer ohne Freund ist, geht wie ein Fremdling über die Erde, der zu niemandem gehört." Und ein japanisches Sprichwort sagt: „Mit einem Freund an der Seite ist kein Weg zu lang."

Jesus nennt uns Freunde, nicht mehr Knechte. Er hat sich uns vertraut gemacht. Er hat sein Herz für uns geöffnet. Sein Tod am Kreuz war die Hingabe für seine Freunde. Es gibt keine größere Liebe, als wenn einer sein Leben hingibt für seine Freunde. Wir sind Jesu Freunde. Lukas sagt, wir sollen zu Gott beten wie zu einem Freund. Er wird mitten in der Nacht für uns aufstehen und uns das geben, was wir brauchen. Und Lukas schildert die Gemeinschaft der ersten Christen wie einen Freundesbund. Alle waren ein Herz und eine Seele. Und sie teilten alles miteinander. Die Kirchen haben die Aufgabe, die Sehnsucht nach der Urkirche wach zu halten, die Sehnsucht nach einer Gemeinschaft, in der die Freunde Jesu auch miteinander Freunde sind.

Freunde

Freunde sind selten
und selten bequem,
sind manchmal kantig
und unangenehm,
woll'n nicht gefallen,
sondern zu dir gehör'n,
steh'n auf der Matte,
auch wenn sie grad stör'n.

Freunde sind leise,
schauen dir zu,
lassen dich weise,
wenn nötig, in Ruh,
haben nicht nur
sich selber im Blick,
lassen dir Zeit
und zieh'n sich zurück.

Freunde sind ehrlich,
locken dich raus,
werden gefährlich
dem Kartenhaus,
lassen die Spiele
dir nicht durchgeh'n,
es sind nicht viele,
die so zu dir steh'n.

Freunde zu finden
ist ziemlich schwer,
denn wer lässt sich binden
und gibt von sich mehr
als ein „Hallo"
und ein wenig Zeit?
Wer ist schon zum Geben
und Lieben bereit?

Wachsen und Lernen

Kinder möchten wachsen. Sie sind stolz, wenn sie größer geworden sind. Wenn ich einmal groß bin, so sagt ein Kind, dann werde ich ganz neue Dinge machen. Kinder sind lernbegierig. Sie gehen uns manchmal mit ihren Fragen auf die Nerven. Denn sie wollen alles wissen. Nichts ist für sie selbstverständlich.

Wachsen und Lernen müssen wir ein Leben lang. Damit das Leben gelingt, braucht es immer zwei Pole: das Annehmen und das Wachsen, das Stehenbleiben und das Weitergehen, das Genießen und das Lernen. Die Grundbedingung für das Gelingen unseres Lebens ist, dass wir uns selbst annehmen. Wer sich nicht annehmen kann, der kommt keinen Schritt weiter. Der kämpft sein Leben lang gegen sich selbst. Er entwertet sich und beklagt sich. Er ist unzufrieden und in sich zerrissen. Doch zum Annehmen gehört der andere Pol: die Sehnsucht zu wachsen.

Wenn ich einfach sage: „So bin ich. Mehr geht nicht. Ihr müsst mich halt so annehmen, wie ich bin“, dann wäre das zu wenig. Dann gäbe es keine Entwicklung. Wir wollen wachsen, doch Wachsen braucht Behutsamkeit. Wir müssen die Pflanze begießen und pflegen, aber wir können sie nicht in die Länge ziehen. Manche verwechseln die Arbeit an sich selbst mit dem Kampf gegen sich. Sie wüten gegen sich, weil sie sich nicht annehmen können. Sie meinen, sie seien nur gut, wenn sie das Ziel erreicht hätten. Wachsen braucht Behutsamkeit und Geduld.

Lernen müssen wir ein Leben lang. Ein Mensch, der nicht mehr lernen will, ist behäbig. Mit ihm wollen wir uns nicht unterhalten. Er weiß ja schon alles. Er gibt auf alles vorgefertigte Antworten. Doch wir spüren ihn selbst nicht. Im Lernen geht es nie nur um Wissen. Vielmehr geht es darum, die Kunst des Lebens zu lernen. Es ist nicht selbstverständlich, dass unser Leben gelingt. Das Leben ist eine Kunst, die wir ein Leben lang zu erlernen haben. Wir lernen nie aus. Wir lernen uns selbst und die Abgründe unseres Herzens immer neu kennen.

Auch unser Glaube braucht das Lernen. Wir dürfen nicht einfach stehen bleiben bei dem, was wir als Kinder im Glauben gelernt haben. Was wir im Glauben lernen, das kann man nicht abfragen, das ist kein festes Wissen und kein Besitz. Glauben heißt vielmehr immer wieder neu fragen: Was heißt es für mich, dass Jesus Mensch geworden ist und er für mich gestorben ist? Wie kann ich das verstehen?

Unser Leben lang sind wir Lernende. Das deutsche Wort „Lernen“ meint eigentlich: „einer Spur nachspüren, einer Spur nachgehen“. Wer lernen will, muss sich auf den Weg machen und die Spuren verfolgen, die ihm aufgegangen sind, die ihm etwas verheißen. „Suche Frieden und jage ihm nach“, fordert uns der Psalmist auf. Und Paulus jagt dem Siegespreis nach, der himmlischen Berufung, die ihm Gott in Jesus Christus schenkt. *(Phil 3.14)*

Aufstehn, aufeinander zugehn

Wir wollen aufstehn, aufeinander zugehn,
von einander lernen miteinander umzugehn,
aufstehn, aufeinander zugehn
und uns nicht entfernen, wenn wir etwas nicht verstehn.

Jeder hat was einzubringen,
diese Vielfalt: wunderbar.
Neue Lieder woll'n wir singen,
neue Texte laut und klar.

Diese Welt ist uns gegeben,
wir sind alle Gäste hier.
Wenn wir nicht zusammen leben,
kann die Menschheit nur verliern.

Dass aus Fremden Nachbarn werden,
das geschieht nicht von allein,
dass aus Nachbarn Freunde werden,
dafür setzen wir uns ein.

Zuhause

Kinder sind gerne zuhause. Sie brauchen ein Zuhause und eine Heimat. Auch wir Erwachsene brauchen ein Zuhause. Man spricht heute vom unbehausten Menschen, der seine Wurzeln in der Heimat verloren hat. Friedrich Nietzsche klagte schon zu seiner Zeit: „Weh dem, der keine Heimat hat.“ Und heute sprechen Psychologen davon, dass die immer mehr um sich greifende Depression oft ein Hilfeschrei der Seele gegen das Unbehaustsein ist. Der Mensch braucht ein Zuhause, um gesund leben zu können.

Das Wort „Haus“ kommt eigentlich von „bedecken, schützen, umhüllen“; das Wort „Heim“ bedeutet ursprünglich „liegen, ich lasse mich nieder, ich lasse mich fallen“. Zu Heim und Heimat gehört das Geheimnis. Daheim sein kann man nur, wo das Geheimnis wohnt. Heimat ist nichts Nostalgisches, keine bloße Erinnerung an die Kinderzeit, sondern an die Zeit, in der ich noch an das Geheimnis geglaubt, es noch gesehen und gespürt habe.

Daheim bin ich dort, wo das Geheimnis Gottes mich einhüllt. Und daheim bin ich dort, wo ich geliebt werde, wo ich mich fallen lassen kann in eine Liebe, die mich umgibt und trägt.

Im Haus kann ich wohnen. Wohnen heißt eigentlich „Gefallen finden, zufrieden sein, sich gewöhnen, Behagen empfinden". Jesus hat uns verheißen, dass er in seinem Tod zum Vater geht, um uns eine Wohnung zu bereiten. Wenn wir sterben, wird uns eine Wohnung erwarten, die schon geschmückt ist mit dem, was die Verstorbenen, die wir gekannt haben, von uns mitgenommen haben. Jesus hat uns aber auch verheißen, dass er und sein Vater jetzt schon zu uns kommen, um in uns zu wohnen. In uns ist ein Haus, ein Zuhause, in dem Gott in uns wohnt. Und weil Gott, das Geheimnis, in uns ist, können wir bei uns zuhause, daheim sein. Die Wohnung Gottes in unserem Herzen wird im Tod nicht zerstört, sondern nur verwandelt in die Wohnung, die Jesus uns im Himmel bereitet hat, in der wir für immer daheim sein werden.

Komm herein

Komm herein, komm herein,
ruh dich aus, ruh dich aus,
ich bin die Tür,
hier beginnt dein Zuhaus.

Lang hat's gedauert,
doch nun bist du hier,
bist angekommen
und stehst nun vor mir.
Nun hab den Mut
und tritt ein durch mich.
Ich bin die Tür,
hab gewartet auf dich.

Bin nicht verschlossen,
bin offen für dich.
Hier bist du sicher,
denn ich schütze dich.
Bist du bei mir,
dann bist du zuhaus,
benutze mich,
hey, das macht mir nichts aus.

Vielleicht hast du
manchen Weg schon probiert,
wurdest enttäuscht
und hast längst resigniert,
trau mir doch bitte,
trau mir was zu,
die Liebe lädt dich ein
zum Rendevouz.

Segen

Fünf Gaben
sind dir gegeben,
fünf mögen
mit dir gehen:

Vertrauen,
Spiel,
Freundschaft,
Wachstum,
Zuhause.

Auf all
deinen Wegen
sei geborgen
in seiner Hand.

Sei behütet

Sei behütet auf deinen Wegen,
sei behütet auch mitten in der Nacht.
Durch Sonnentage, Stürme und durch Regen
hält der Schöpfer über dir die Wacht.

Mitten in die graue Alltagswelt,
die sang- und klanglos mich beengt,
höre ich ein Lied, das mir gefällt
und das mir Perspektiven schenkt.

Immer wenn wir auseinander gehn,
spür ich Trauer, fühl ich mich allein
und bis wir uns wieder einmal sehn,
solln' die Worte dein Begleiter sein.

Manchmal, wenn ein Tag zu Ende geht
und die Nacht durch alle Ritzen dringt,
spüre ich den Wind, der uns umweht
und diese Zeilen mit sich bringt.

Übertragung von Mt 18,1–5, Liedtexte und Segen: Clemens Bittlinger

Texte „Vertrauen", „Spiel und Freude", „Freundschaft", „Wachsen und Lernen" und „Zuhause": Anselm Grün

Bibliografische Information Der Deutschen Bibliothek

Die Deutsche Bibliothek verzeichnet diese Publikation in der Deutschen Nationalbibliografie; detaillierte bibliografische Daten sind im Internet über http://dnb.ddb.de abrufbar.

Kreuz Verlag, Stuttgart
in der Verlagsgruppe Dornier GmbH
Postfach 80 06 69, 70506 Stuttgart

www.kreuzverlag.de
www.verlagsgruppe-dornier.de

Umschlaggestaltung: Bergmoser + Höller Agentur, Aachen
Umschlagbild: © Michael Prince/corbis
Bilder des Innenteils: Georg Lehmacher, Friedberg (Bay.)
S. 29, 39, 41, 43: Renate Lehmacher
S. 11, 31: Laura Lehmacher
Innenlayout und Reproduktion: Atelier Georg Lehmacher, Friedberg (Bay.), www.lehmacher.de
Druck: Proost, Turnhout

ISBN: 3-7831-2763-7
ISBN: 978-3-7831-2763-8